La Moufette qui n'avait plus de maison

Marie-Hélène Delval est née en 1944 près de Nantes. C'est l'habitude de lire des histoires à ses enfants qui l'a décidée à en écrire elle-même. Son imagination tournée vers la littérature fantastique l'a entraînée à peupler ses histoires d'ogres et de sorcières, mais aussi de petits enfants qui ressemblent à ceux d'aujourd'hui.

Du même auteur dans Bayard Poche :
Le pommier canoë - Rose cochon veut voir le monde -
L'ogre qui avait peur des enfants - Les trois sorcières -
Les deux maisons de Petit Blaireau - Un petit loup de plus -
Un petit frère pas comme les autres - Éloïse et les loups -
Derrière la très haute montagne - L'école des géants -
La sorcière qui avait peur de la nuit -
Le petit roi qu'on entendait tousser (Les belles histoires)
Le professeur Cerise - Les sept sorcières -
Victor, l'enfant sauvage - La nuit de l'ange et du diable
(J'aime lire)

Volker Theinhardt est né à Stendal (RFA) en 1941. Il a fait ses études à l'École des beaux-arts de Braunschweig, puis en France, grâce à une bourse de l'Office allemand d'échanges universitaires. Aujourd'hui il est spécialisé dans l'illustration de livres pour enfants. Ses ouvrages sont publiés par les éditions Hachette, Larousse, Nathan, Flammarion, Hatier et Bayard. Il travaille aussi pour les revues jeunesse à Bayard Presse.

Du même illustrateur dans Bayard Poche :
Chouette soirée - Le dragon chanteur - Le dragon Griffar Ier -
Bonne nuit, marmottes ! - La chappendicite -
Sorcière contre robot - Jeannot-Loup et le cruel Albert -
Une famille pour Duvet (Les belles histoires)
William et Fred - Inspecteur Colombus (J'aime lire)

ISBN 2.227.72821.3

La Moufette qui n'avait plus de maison

Une histoire écrite par Marie-Hélène Delval
sur une idée de Marion Durand
illustrée par Volker Theinhardt

Cinquième édition

BAYARD POCHE

Moufette a construit sa maison
tout près du grand chemin.
Mais ce matin,
une énorme machine est passée.
La terre s'est mise à trembler, à trembler,
et la maison de Moufette s'est écroulée.

Moufette s'écrie :
– Quel malheur ! quel malheur !

Hérisson, qui trottinait par là,
essaie de la consoler :
– Ne pleure pas, je vais t'aider,
nous allons réparer ta maison.

Hérisson et Moufette remuent la terre,
ils enlèvent les branches.
Mais la maison est beaucoup trop cassée
pour être réparée.

Alors Hérisson déclare :
– Écoute, Moufette,
viens donc loger chez moi.
Nous boirons de la tisane d'aubépine*,
ça nous fera du bien.

* Ce mot est expliqué page 44, n° 1.

Hérisson conduit Moufette
jusqu'à sa maison :
– Voilà, c'est ici.
Évidemment, c'est un peu en désordre,
nous allons pousser tout ça !

Mais ils poussent
et ils entassent si bien
que la maison de Hérisson
se met tout de travers.
Il n'y a vraiment pas
assez de place pour deux !

MIEL

Abeille, qui butinait* par là,
bourdonne à l'oreille de Moufette :
– Va donc voir à la ruche,
il y a sûrement un alvéole* vide.

Mais une Moufette dans une ruche,
ce n'est vraiment pas possible !

* Ces mots sont expliqués page 44, n° 2 et n° 3.

Abeille vole jusqu'en haut de l'arbre
pour réveiller Hibou.
Hibou ouvre un oeil :
– Quoi ? quoi ?
Ah oui, parfait !
Moi, je dors pendant la journée
mais le soir, ma maison est libre.
A la nuit tombée,
je m'envole pour chasser.
Moufette, je vous laisserai la clé
sous la troisième feuille à gauche.
Et surtout, refermez bien la porte
s'il vous plaît.

Donc, à la nuit tombée,
Moufette s'installe chez Hibou.
Mais les pinsons d'à côté
se mettent à rire comme des fous :
– Ha ha ! ho ho !
Une Moufette dans un nid,
venez voir ça, les amis !

Moufette est très vexée.
Elle ne veut plus rester.

Justement,
la famille Écureuil
s'apprête à se coucher.
Père Écureuil dit :
– Venez donc chez nous, Moufette.
Vous pouvez vous installer
dans le grenier à noisettes.

Au petit matin,
Moufette descend de l’arbre.
Elle a très mal dormi :
un lit de noisettes,
ce n’est pas très confortable !

Lézard lui propose :
– Entre chez moi un moment
et viens t'allonger sur mon canapé.

Hélas ! c'est tout à fait impossible.
Il n'y a que le nez de Moufette
qui passe par la porte !
Alors Lézard dit :
– Attends, j'ai une idée.
Je connais quelqu'un
qui est très bien installé.

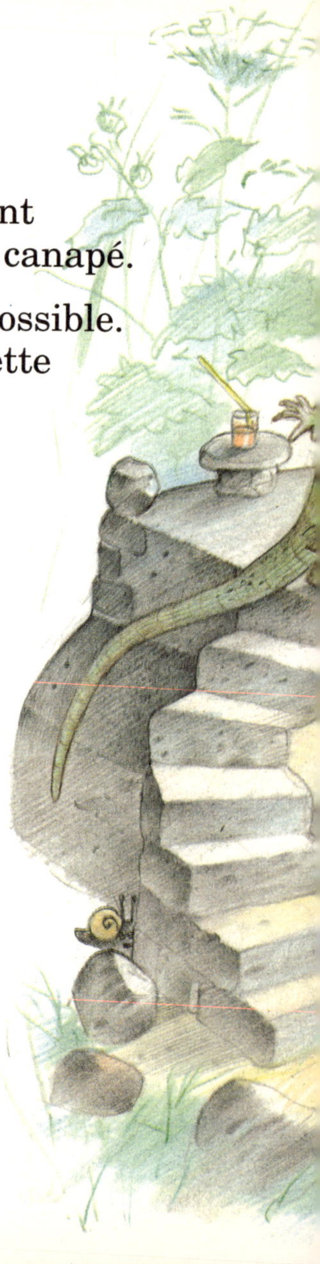

Lézard conduit Moufette
au bord de la rivière.
Castor est en train de tasser la terre
autour de sa maison.
Il crie :
– Bien sûr, entrez, Moufette !
Justement,
la chambre d'ami est terminée.
Suivez le barrage* et plongez !

Mais Moufette recule
en fronçant le nez.
Moufette a horreur
de se mouiller les pattes !

* Ce mot est expliqué page 45, n° 4.

Poule d'eau sort la tête
d'entre les roseaux :
– Venez donc chez moi, Moufette !
Il y a vue sur la rivière,
mais vous aurez les pattes au sec.
D'ailleurs, j'ai quelques courses à faire.
Vous couverez mes œufs
pendant mon absence.

Moufette est tellement fatiguée
qu'elle accepte.
Elle s'assied délicatement sur les œufs
pour les tenir au chaud.

Mais au bout d'un moment,
elle en a vraiment assez.
D'abord, elle n'ose pas bouger
de peur de casser les œufs.
Et puis les poissons de la rivière
sautent hors de l'eau en rigolant :
– Vous avez vu ça, les gars ?
Une Moufette en train de couver !

Moufette est vraiment découragée.
A ce moment-là,
Taupe passe la tête
par la trappe* de son grenier.
Taupe n'y voit pas très clair.
Elle dit :
– Ne restez pas là, madame,
entre taupes, il faut s'aider !
Entrez, entrez.

Mais les galeries* de la taupe
sont trop étroites.
Moufette reçoit du sable sur le nez
et elle se dépêche de sortir à reculons.

* Ces mots sont expliqués page 45, n° 5 et n° 6.

Moufette s’assied dans l’herbe.
Elle pousse un gros soupir.
Elle est si fatiguée
qu’elle n’a plus envie de bouger.

Alors tous les animaux de la forêt
se réunissent autour d'elle :
– Ne t'en fais pas, Moufette,
nous allons t'aider
à construire une nouvelle maison.
Nous allons dessiner les plans :
la cuisine et la véranda,
la cave et le grenier,
la chambre et la cheminée
pour lire au coin du feu.

Tout le monde se met au travail.
Ceux qui savent creuser
creusent la terre.
Ceux qui savent ronger
rongent des branches.
Ceux qui savent voler
vont cueillir des feuilles.

Abeille consulte les plans,
Lézard surveille le soleil.
Taupe a mis des lunettes noires
pour supporter la lumière,
et Hibou fait de gros efforts
pour rester éveillé.
A la fin de la journée,
la nouvelle maison de Moufette
est achevée.

Plan :
La maison de Moufette
cave

Tout le monde s'écrie :
– C'est la plus jolie maison de la forêt !

Moufette embrasse ses amis :
– Je vous invite tous !

On accroche des lampions,
on prépare des sandwiches.
La famille Pinson chante des chansons.
Quelle belle soirée
dans la maison de Moufette !

LES MOTS DE L'HISTOIRE

1. **L'aubépine,** c'est un petit arbre ou un arbuste avec des épines qui fleurit au printemps.

2. On dit qu'une abeille **butine** quand elle cherche sa nourriture dans une fleur.

3. Pour abriter leurs œufs ou conserver leur miel, les abeilles construisent des petites cases en cire, très régulières. Ce sont les **alvéoles**.

4. Un **barrage** est un grand mur très épais et très résistant, qu'on construit au milieu d'une rivière pour retenir l'eau.

5. Une **trappe**, c'est une toute petite porte
percée dans le plancher
pour aller à la cave,
ou bien percée dans le plafond
pour aller au grenier.

6. La **galerie**
de la taupe
est un chemin
sous la terre.

***Les belles histoires*,**
de Bayard Poche, c'est une série de livres pour rire, s'émouvoir et rêver.

Des livres d'humour

***Les mots de Zaza* (BH 25)**

Zaza est une souris rigolote qui collectionne... les mots. Les petits, les moyens, mais aussi les gros... Ceux qui font scandale et froid dans le dos !

Écrit par Jacqueline Cohen et illustré par Bernadette Després

Des livres sur la vie, ses joies, ses peines

***Poulou et Sébastien* (BH 17)**

Ils sont si différents qu'ils n'auraient jamais dû se rencontrer. Mais l'amitié, ça peut être auss un coup de foudre !

Écrit par René Escudié et illustré par Ulises Wensell.

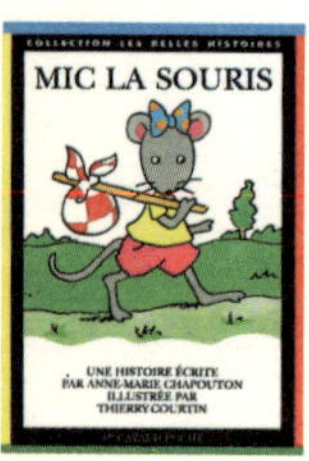

Des livres où les animaux sont les héros

***Mic la souris* (BH 5)**

Trouver une maison de souris, ce n'est pas facile quand le soulier et le cartable ont déjà des locataire

Écrit par Anne-Marie Chapouton et illustré par Thierry Courti

Et aussi des contes, des histoires fantastiques, du frisson...

Tous les mois, la lecture plaisir avec le magazine de ton choix

Les Belles Histoires
Dès 3 ans.
*Une **belle histoire** qui arrive tous les mois, c'est une chance de plus de partir chaque soir dans de nouvelles aventures extraordinaires. Avec en supplément des jeux, des chansons et les héros espiègles : Charlotte et Henri.*

Pomme d'Api
Dès 3 ans.
*Avec Petit Ours Brun, Mimi Cracra et compagnie, envole-toi à la découverte du monde ! Il n'y a pas mieux que les histoires, les jeux et les surprises de **Pomme d'Api** pour rire, s'amuser, inventer.*

Youpi
Dès 4 ans.
De la maternelle au CE1.
*Est-ce le vent qui fait avancer les avions ? Pourquoi il pleut ? Pour tout savoir sur l'histoire, les animaux, les sciences et la nature, retrouve tous les mois **Youpi** le petit curieux.*

Si tu veux recevoir un magazine en cadeau ou t'abonner, tél. : 16 1 44 21 60 00

Achevé d'imprimer en Mars 2001 par OBERTHUR Graphique
35000 RENNES - N° 3637
Dépôt légal : Mai 1990 - N° Editeur : 6707
Imprimé en France